Classical Album

Klassik-Album

12 Pieces for Flute and Piano
12 Stücke für Flöte und Klavier

Arranged by / Bearbeitet von
Walter Zachert

ED 2389
ISMN 979-0-001-03719-8

www.schott-music.com

Mainz · London · Berlin · Madrid · New York · Paris · Prague · Tokyo · Toronto
© 1935 SCHOTT MUSIC GmbH & Co. KG, Mainz · Printed in Germany

Cantabile

aus der G-Dur Sonatine

Friedrich Kuhlau

Reigen seliger Geister

Ronde des génies – Dance of the spirits

Christoph Willibald Gluck

Minuetto

aus: Eine kleine Nachtmusik

de la: Petite Serenade nocturne

Wolfgang Amadeus Mozart

Minuetto
D.C. al Fine

Andante

aus der Sonate III

Georg Friedrich Händel

Andante grazioso

Joseph Haydn

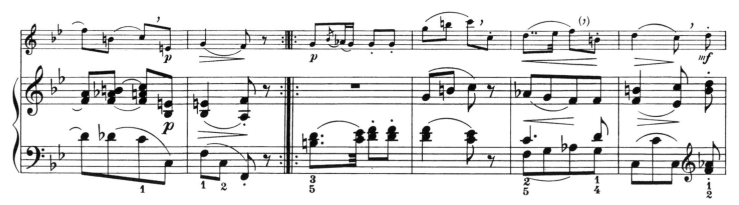

Allegro

Joseph Haydn

Gavotte

Georg Friedrich Händel

Menuett und Trio

Ludwig van Beethoven

Klassisches Flöten-Album

Bearbeitet von Walter Zachert

Cantabile

aus der G-Dur Sonatine

Friedrich Kuhlau

1

Reigen seliger Geister

Ronde des génies – Dance of the spirits

Christoph Willibald Gluck

2

Minuetto

aus: Eine kleine Nachtmusik

de la: Petite Sérénade nocturne

Wolfgang Amadeus Mozart

Andante

aus der Sonate III

Georg Friedrich Händel

Andante grazioso

Joseph Haydn

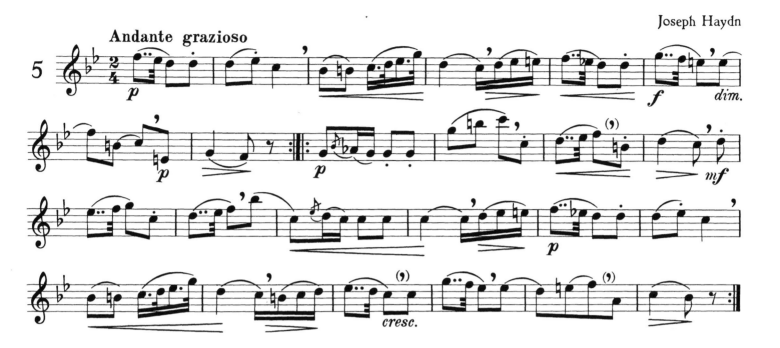

Allegro

Joseph Haydn

Gavotte

Georg Friedrich Händel

Menuett und Trio

Menuett
Tempo moderato

Ludwig van Beethoven

8

Menuett da Capo
senza repetizione

Walzer

Allegretto (♩. = 60)

Ludwig van Beethoven

9

D. C. al Fine

Preludio e Gavotta

Arioso
aus der Sonata VI

Friedrich der Große

NB. In diesem Stück sind alle Triller ausgeschrieben.

Arie des Tamino

aus „Die Zauberflöte"

Air de «La flûte enchantée» — Aria from "The Magic flute"

Wolfgang Amadeus Mozart

Trio

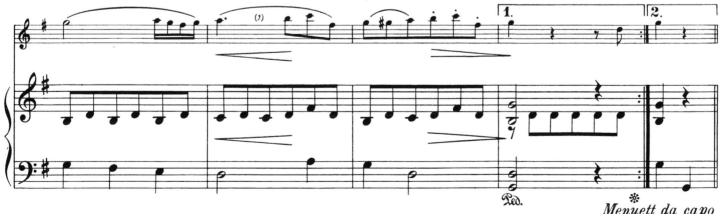

Menuett da capo
senza repetizione

Walzer

Ludwig van Beethoven

D.C. al Fine

Preludio e Gavotta

Johann Joachim Quantz *)

10

attacca

*) Flötenlehrer Friedrichs d. Großen

14

Gavotta
Tempo di Gavotta

Arioso
aus der Sonata VI

Friedrich der Große

NB. In diesem Stück sind alle Triller ausgeschrieben.

Arie des Tamino

aus „Die Zauberflöte“

Air de «La flûte enchantée» — Aria from "The Magic flute"

Wolfgang Amadeus Mozart

Schott Music, Mainz 34 389

INDEX